Berni Spürnase

Wolfgang Endres

Loewe Lerngeschichten

Rechnen mit Spaß

3. Klasse

mit Zeichnungen von
Markus Olivieri

Loewe

Die Deutsche Bibliothek - CIP-Einheitsaufnahme

Endres, Wolfgang:
Loewe-Lerngeschichten/Wolfgang Endres.
Bindlach: Loewe.
Früher u. d. T.: Endres, Wolfgang: Leselöwen-Lerngeschichten
Rechnen mit Spaß: 3. Klasse
1. Aufl. - 1991
ISBN 3-7855-2421-8

ISBN 3-7855-2421-8 – 1. Auflage 1991

Umschlagzeichnung: Markus Olivieri
Umschlagtypographie: Creativ GmbH Kolb, Leutenbach
Satz: Fotosatz Leingärtner, Nabburg
Gesamtherstellung: Sebald Sachsendruck
Druck und Verlag GmbH, Plauen
Printed in Germany

Ausgerechnet in den Ferien ...

Rechnen fällt mir manchmal ziemlich schwer. Es macht mir auch keinen richtigen Spaß. Das geht aber nicht nur mir allein so. Es gibt einige in unserer Klasse, denen wird schon schlecht, wenn sie nur ans Rechnen denken.

Deshalb hat Missis Mops, unsere Lehrerin, uns empfohlen, einen Ferienkurs zu besuchen.

„Ausgerechnet in den Ferien soll ich auch noch rechnen!?“ Ich rümpfte die Nase.

Doch Missis Mops beruhigte mich und sagte: „Berni, laß dich mal überraschen, ob das nicht recht lustig wird. Am Ende macht dir dort sogar das Rechnen Spaß. Jedenfalls werden die Ferien bestimmt nicht zu kurz kommen.“

So fuhr ich mit gemischten Gefühlen los, ein Rechenbuch im Rucksack und Ferienstimmung im Bauch. Ich, Berni Spürnase, Schüler der SPUREN-SUCHER-SCHULE, war auf dem besten Weg, ein Rechen-As zu werden ...

Das Ferienheim lag wunderschön am Waldrand. Der Heimleiter begrüßte uns alle sehr freundlich: „Hallihallo, meine Lieben! Ich heiße Mister Pudelwohl – und fühle mich auch so. Euch allen wünsche ich das gleiche.“

Dann hielt er uns einen Zettelkasten hin, aus dem sich jeder ein Kärtchen mit der Zimmernummer ziehen sollte. Ich zog dieses Kärtchen:

Natürlich konnte ich keine Zimmernummer darauf finden.

Mister Pudelwohl lachte nur und sprach geheimnisvoll: „Da gibt es Hunderter, Zehner und Einer – richtig geordnet ergeben sie deine Zimmernummer.“

Nach kurzem Überlegen tippte ich auf 234 und tapste in den zweiten Stock, wo ich tatsächlich das Zimmer fand. Findest du heraus, wo die anderen wohnen sollen? Mit der roten Lupe kannst du anschließend alles überprüfen.

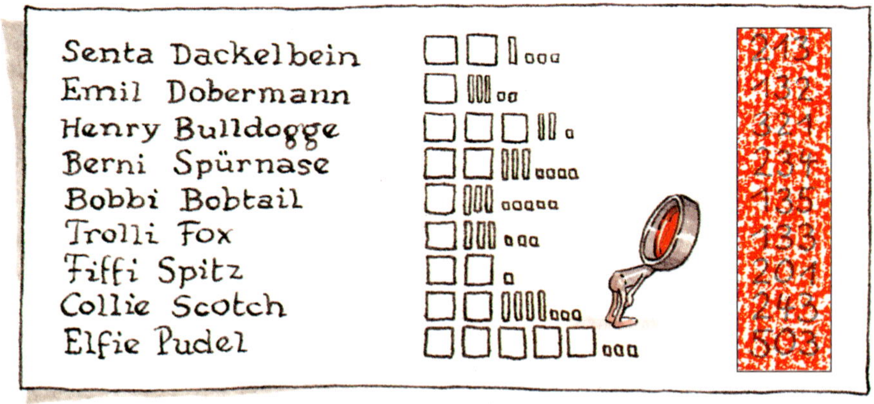

Am Abend mußten wir schon früh zu Bett gehen. Wir hatten aber noch keine Lust. Mit meinen Freunden lehnte ich am Fenster, als plötzlich ein Zettel vor meiner Nase baumelte:

Wir warteten, bis es dunkel geworden war, und schlichen dann die Treppen hoch in den fünften Stock. Im Halbdunkel war eine Tür zu erkennen, die einen Spalt geöffnet war. Ob hier der geheime Treffpunkt sein sollte? Ich drückte die Tür ein bißchen weiter auf, da knallte ein Plastikeimer herunter. Völlig verdattert stand ich da – klatschnaß von Kopf bis Fuß.

Ein Stockwerk tiefer waren ein helles Gekicher und schnelle Schritte von vielen Pfoten zu hören …

Große Hausnummer

Am nächsten Tag ließ ich mir nichts anmerken. Auch Mister Pudelwohl tat so, als hätte er von dem nächtlichen Vorfall überhaupt nichts mitbekommen.

Wir gingen zur Kegelbahn, und er erklärte uns die Spielregeln: „Hallihallo, meine Lieben, jeder von euch darf dreimal hintereinander kegeln. Jeder Wurf wird auf dieser Tafel notiert. Ihr dürft euch aussuchen, wie euer Wurf zählen soll: ob als Hunderter, als Zehner oder als Einer. Die höchste Zahl gewinnt. Und jetzt kommt der eigentliche Trick. Ihr müßt schon *vor* jedem Wurf entscheiden, an welcher Stelle ihr die Zahl der umgefallenen Kegel haben wollt – bei den Hundertern, den Zehnern oder bei den Einern. Alles klar?"

Das war mein Ergebnis in der ersten Runde:

Vor meinem ersten Wurf hatte ich gesagt: „Das werden die Zehner." Vier Kegel fielen um, und so kam ich zu 40.

Mit meinem zweiten Wurf wollte ich die Einer festlegen. Wenn ich gewußt hätte, daß es ein Superwurf mit 8 wird, hätte ich mich natürlich für die Hunderter entschieden. Darüber ärgerte ich mich dermaßen, daß ich die dritte Kugel sogar danebenwarf. So bekam ich keinen Hunderter und habe mit 48 Punkten die erste Runde verloren.

Und so haben die anderen gespielt:

Wer hat gewonnen? Wer wurde Zweiter, Dritter?

a) Wer würde gewinnen, wenn jeder seine Reihenfolge der Hunderter, Zehner und Einer nachträglich austauschen dürfte?
Wer wäre dann Zweiter, Dritter?

b) Wer würde gewinnen, wenn die Zehner als Hunderter und die Einer als Zehner zählen würden?
Wer wäre dann Zweiter, Dritter und so weiter?

c) Wer würde gewinnen, wenn Einer als Hunderter und die Hunderter als Einer stehen würden? Wer stünde dann auf Platz 2, 3 und so weiter?

Wenn ich bedenke, daß ich gleich zweimal den ersten Platz belegt hätte, wird mir klar, wie sehr sich Zahlen ändern, wenn Hunderter, Zehner oder Einer vertauscht werden.

Mister Pudelwohl rief nun zur zweiten Runde.

Senta Dackelbein sagte: „Das gibt Einer!“ Sie nahm Anlauf, schob die Kugel – und traf „alle neune“.

Als die Kegel wieder aufgestellt werden sollten, zappelten und hampelten sie an ihren Schnüren herum, plumpsten wieder hin, rappelten sich von neuem hoch und knallten nochmals hin – die Schnüre hatten sich total verheddert. Dann tat es einen Knall – blitzartig wurde es stockfinster –, der Strom fiel aus, das Spiel war aus.

Wir gingen nach draußen und spielten weiter „Große Hausnummer“ – diesmal ohne Kegel. Und das ging so:

Mister Pudelwohl legte Zahlenkärtchen verdeckt in die Runde wie bei Memory und gab jedem von uns eine Stellentafel. Genau wie beim Kegeln mußten wir uns für Hunderter, Zehner oder Einer entscheiden, bevor wir ein Kärtchen aufdeckten.

Wer hat diese Runde gewonnen?

Tausche die Hunderter, Zehner und Einer aus, ganz wie es dir gefällt – und schreib auf, wer bei jeder Runde gewonnen hätte.

Hast du Lust, auch mal mit Freunden „Große Hausnummer“ zu spielen – mit oder ohne Kegelbahn?

Pfennighockey

Nach dem Frühstück am nächsten Tag stand Mister Pudelwohl mit einem Geldbeutel im Speisesaal und erklärte: „Leute, die geizig und kleinlich sind, die bei allem dreimal nachrechnen und nie etwas verschenken, nennt man ‚Pfennigfuchser‘. Davon kann bei uns natürlich keine Rede sein.“ Sprach's und drückte jedem von uns einen Pfennig in die Pfote.

„Hallihallo, meine Lieben, nehmt einen Stift mit, wir gehen zum Pfennighockey in die Turnhalle“, rief er in die Runde und sauste los.

Auf dem glatten Fußboden der Turnhalle hatte er ein Maßband ausgerollt. Wir sollten uns rechts und links daneben knien. Er erklärte uns die Spielregel: „Euer Stift ist der Hockeyschläger. Mit diesem stoßt ihr euren Pfennig möglichst weit nach vorne. Jeder darf zweimal hintereinander schießen. Wer schafft es am weitesten? Und zwar mit dem zweiten Schuß – denn das ist das besondere an unserem Pfennighockey: Gemessen und gezählt wird nur der zweite Schuß.“

Mit meinem ersten Schuß schaffte ich es fast drei Meter weit – bis Zentimeter 296. Doch beim zweiten rutschte mein Stift ab, und mein Pfennig kam gerade noch bis zur 310.

Mister Pudelwohl notierte für Senta, wie weit ihr Pfennig rutschte:

Findest du heraus, wie weit sie im zweiten Durchgang geworfen hat?

Mach zuerst den Schritt zum nächsten Hunderter: Von 187 bis 200 sind 13. Und von 200 bis 240 sind 40. Jetzt brauchst du bloß noch 13 und 40 zusammenzuzählen, und dann weißt du, wie weit Sentas zweiter Wurf gewesen ist.

Und hier sind die Ergebnisse von drei anderen:

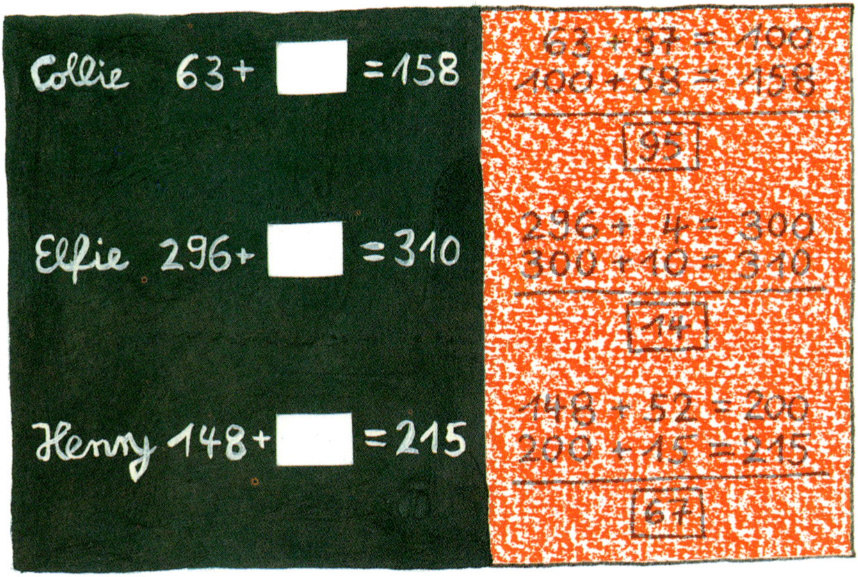

Weil es so schön war, spielten wir noch eine zweite Runde. Mister Pudelwohl schrieb die Ergebnisse wieder an die Tafel. Da wischte unser Mister die rechte Spalte aus und sagte: „Na, wißt ihr noch, wie weit euer Pfennig überhaupt gerutscht ist? Wenn wir nun doch beide Schüsse zählen, wer ist dann am weitesten gekommen?“

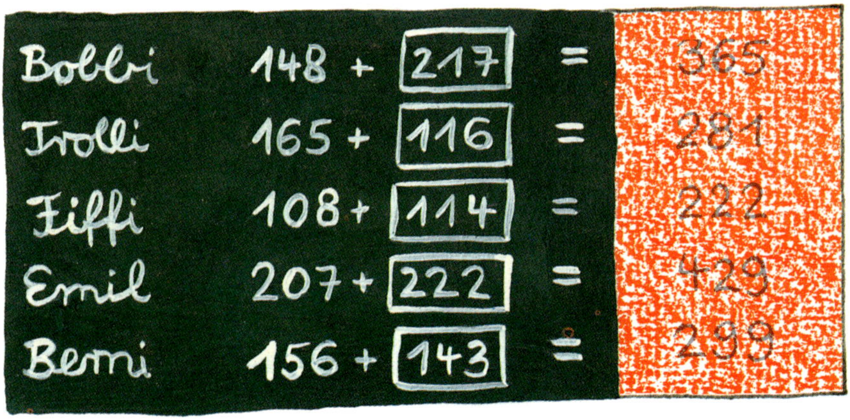

„Hallihallo, meine Lieben“, rief Mister Pudelwohl, während wir alle ganz angestrengt nachrechneten, „mit Gripsgymnastik findet ihr es ganz schnell heraus. Wenn ihr große Zahlen im Kopf zusammenzählt, rechnet ihr am besten zuerst nur die Hunderter, dann die Zehner und am Schluß die Einer zusammen.“ Dabei malte er mein Ergebnis an die Tafel:

„Kommt, laßt uns noch 'ne Runde im Viereck tanzen!" rief Senta Dackelbein begeistert.

Mister Pudelwohl tat ihr den Gefallen und schrieb die ganze Tafel voll.

Als Senta Dackelbein danach immer noch „im Viereck tanzen" wollte, sprang Emil Dobermann auf und rannte im Kreis herum.

Er sammelte unsere Hockeypfennige ein und drückte sie Senta in die Pfote: „Ich habe für dich gesammelt, damit du endlich aufhörst!“

Wasservolleyball

Am Nachmittag stand Wasservolleyball auf dem Programm. Auf der Wiese war eine Wäscheleine gespannt, und wir standen uns in zwei Mannschaften gegenüber. An der Seite lagen viele bunte Luftballons, alle dick gefüllt mit Wasser. Jede Mannschaft hatte ein Bettuch. Wir hielten es rundherum wie ein Sprungtuch fest und schüttelten es erst mal kräftig aus. Mister Pudelwohl warf uns einen grünen Wasserballon zu. Das Spiel begann.

Wir spannten das Tuch, und mit einem Ruck warfen wir den Ballon über die Schnur. Die anderen sollten ihn mit ihrem Bettuch auffangen und zu uns zurückschleudern. Doch – platsch – klatschte das grüne Quabbelding daneben und platzte auseinander. 1:0 für uns.

Nun hatten die anderen Einwurf. Sie nahmen einen roten Ballon.

„Hau ruck!“ brüllte Collie das Kommando, und schon flog der rote Wasserballon über die Leine.

Wir rannten und zerrten an dem Bettuch und konnten ihn gerade noch auffangen. Wir spannten das Tuch und wuchteten das rote Gummiding in die Luft, doch wir schafften es nicht über die Leine. Dicht neben mir platsch-

te es auf die Wiese. 1:1 – und ich hatte wieder mal nasse Pfoten.

Mister Pudelwohl pfiff das Spiel ab und sagte: „Jetzt wißt ihr ja alle, wie man Wasservolleyball spielt. Nun kommt das Besondere. Die roten Ballons sind die Hunderter. Die Mannschaft, die einen Punkt mit einem roten Ballon erzielt, bekommt dafür 100 Punkte. Die gelben sind die Zehner, ein Tor zählt also 10, und die grünen sind die Einer.

Für jedes Spiel gibt es 24 Ballons, 8 von jeder Sorte. Alles klar? Dann kann's ja losgehen."

Mister Pudelwohl schrieb die beiden Runden auf ein eigenes Punkteplakat:

Nach dem Spiel erklärte er uns, wie er das Endergebnis ausrechnete:

„Ich beginne erst mit den Einern: 6 + 6 = 12. Die 2 schreibe ich unter die Linie, die 1 merke ich mir. Dann zähle ich die Zehner zusammen. Die notierte 1 + 1 + 2 = 4. Dann kommen die Hunderter an die Reihe: 5 + 4 = 9.

Und hier ist das Ergebnis der Ballonhopper: 2 + 2 = 4. 7 + 6 = 13. Die 3 schreibe ich unter die Linie, die 1 merke ich mir 1 + 3 + 4 = 8.

Beim schriftlichen Addieren* ist es das wichtigste, daß die Zahlen richtig untereinander stehen, Einer unter Einer, Zehner unter Zehner und Hunderter unter Hunderter."

* addieren = zusammenzählen

Wasservolleyball wurde unser liebstes Ferienspiel. Jeden Nachmittag haben wir ein Match gespielt – zwei Wochen lang. Und täglich kamen mehr Ballons ins Spiel.

A: Wasserwerfer

	Rot H	Gelb Z	Grün E
1.Runde	2	3	7
Rückspiel	3	1	4
	5	5	1

1.Runde	3	2	8
Rückspiel	4	9	1
	8	1	9

1.Runde	6	3	4
Rückspiel	1	8	7
	8	2	1

B: Ballonhopper

	Rot H	Gelb Z	Grün E
1.Runde	4	7	6
Rückspiel	3	5	2
	8	2	8

1.Runde	5	2	7
Rückspiel	2	6	4
	7	9	1

1.Runde	2	9	5
Rückspiel	5	3	7
	8	3	2

Am dreizehnten Tag hatten die Ballonhopper den letzten Aufschlag. Sie strengten sich noch einmal mächtig an. In hohem Bogen flog der Quabbelball zur Seite und platschte Mister Pudelwohl mitten auf die Nase. Wie ein begossener Pudel stand er da. Das Turnier war ein für allemal vorbei.

Grillparty 

Während Fiffi seinen Spieß mit der Wurst über dem Feuer drehte, fragte er mich betont lässig: „Hast du schon gehört, daß wir heute nacht noch abziehen?“

Ich hatte keine Ahnung und sagte nur: „Also, mir gefällt es inzwischen hier ganz gut, ich wüßte nicht, warum ich abhauen sollte.“

Die ganze Runde bog sich vor Lachen.

Mister Pudelwohl streckte den Kopf aus der Hütte und klärte mich auf: „Abziehen – nicht abhauen werden wir! Subtrahieren im Mondschein!“

Ein paar Stunden später hockten wir mit Stift und Papier ums Lagerfeuer und lauschten Mister Pudelwohl: „Schließt die Augen, zählt die Pfennige auf diesem Teller, und notiert die Zahl auf eurem Zettel."

Ich meinte, daß es sieben waren. Während es noch klingelte und klimperte, erklärte unser Rechenpudel weiter: „Das sind die Einer. Jetzt kommen die Zehner. Schaut dort zum Hüttenfenster. Da wird gleich ein Licht aufblinken. Sooft es blinkt, so viel Zehner hat die Zahl."

Mit diesen Worten huschte er über den Grillplatz und verschwand im Dunkeln. Wir schauten gebannt zum Hüttenfenster. Da blitzte eine Taschenlampe auf – dann ein zweites und ein drittes Mal.

Nach einer Weile tauchte Mister Pudelwohl wie ein Geist neben dem Lagerfeuer auf und flüsterte: „Hallihallo, meine Lieben, jetzt kommen die Hunderter. Stellt eure Lauscher auf, und zählt mal mit." Und schon war er wieder verschwunden.

Wir lauschten angespannt in die Nacht. Plötzlich ertönte es wie Glockenschläge, nur gläserner. Wahrscheinlich schlug unser Mister nur mit einem Löffel an ein Glas. Aber hier draußen, mitten in der Nacht, war es schon ein bißchen wie Geisterstunde.

Wenn ich richtig mitgezählt habe, schlug es achtmal.

Es folgte eine zweite Runde mit neun Pfennigen, sechs Lichtblitzen und drei Glockenschlägen.

Mister Pudelwohl stand mit einer Taschenlampe an einer Staffelei und hielt eine Rechenstunde – mitten in der Nacht. Kannst du dir so etwas Verrücktes vorstellen?

„Die zweite Zahl werden wir jetzt von der ersten abzie-

hen“, erklärte Mister Pudelwohl. Das heißt, wir müssen herausfinden, wieviel fehlt, um von 369 auf 837 zu kommen: Wir müssen ‚auffüllen‘, was zwischen den beiden Zahlen liegt.

Als erstes werden die beiden Zahlen fein säuberlich untereinandergeschrieben. Wie ihr schon wißt, Einer unter Einer, Zehner unter Zehner, Hunderter unter Hunderter.

Und nun geht's los. Wir fangen bei den Einern an – wie beim Zusammenzählen: 9 bis 7 geht nicht. Also muß ich aus der 7 eine 17 machen. Deshalb nehme ich mir eine Merk-1 zu Hilfe. Diese schreibe ich klein über die Linie unter die Zehner. Jetzt heißt es: 9 bis 17 = 8. Die 8 kommt unter die Linie.

Bei der zweiten Spalte mit den Zehnern heißt es jetzt: 1 + 6 = 7. Von 7 bis 3 geht auch nicht. Also muß ich eine 13 daraus machen – und wieder eine Merk-1 unter die Hunderter schreiben.

Und jetzt weiter: 1 + 6 = 7. 7 bis 13 gleich 6. Die 6 schreibe ich unter die Linie und rechne weiter bei den Hundertern: 1 + 3 = 4. 4 bis 8 gleich 4. Steht die 4 unter der Linie, ist das Ergebnis fertig."

Beim nächsten Durchgang war diese Aufgabe auszurechnen:

Bekommst du jetzt selbst heraus, wie Mister Pudelwohl die einzelnen Schritte erklärt hat?

5 bis 4 geht nicht, also muß ich aus der 4 eine 14

machen. Deshalb nehme ich mir eine Merk-1

zu Hilfe. Diese schreibe ich klein über die Linie unter die

Zehner. Jetzt heißt es 5 bis 14 gleich

9. Die 9 schreibe ich unter die Linie.

Bei der zweiten Spalte mit den Zehnern heißt es jetzt:

1 + 6 = 7 Von 7 bis 3 geht auch nicht. Also muß ich

eine 13 daraus machen. Und wieder eine

Merk-1 unter die Hunderter

schreiben. Und jetzt weiter: 1 + 6 = 7 7 bis

13 gleich 6

Die 6 schreibe ich unter die Linie und komme zu den Hundertern:

1 + 5 = 6, 6 bis 7 gleich 1

Steht die 1 unter der Linie, ist auch diese Aufgabe gelöst.

In jener Nacht zählten wir noch viele Pfennige, Lichtblitze und Glockenschläge und rechneten auf unseren Zetteln nach dem Muster von Mister Pudelwohls Staffelei:

Nur Senta Dackelbein bekam als letzte Ziffer immer eine Null heraus. Sie übernahm den Teller mit den Pfennigen immer als letzte. Neben ihr saß Emil Dobermann – und der sammelte eifrig für eine neue Runde Pfennighockey …

Riesenmikado

Der nächste Tag war ein Donnerstag. Es war in der Tat ein Donnerstag. Es gab nämlich ein fürchterliches Gewitter. Wir mußten drinnen bleiben. Mister Pudelwohl schlug eine Bastelrunde vor. Er schleppte ein Bündel langer Holzstäbe heran, so wie man sie in Blumentöpfen manchmal sieht. Seinen Bastelkoffer mit Farbstiften, Schere und Klebstoff, Gummiringen und allerlei bunten Sachen stellte er daneben und sagte: „Hallihallo, meine Lieben, habt ihr Lust auf eine Runde Riesenmikado?"

Das schöne an diesem Spiel war, daß es nicht schon fertig war.

Jeder von uns durfte einen Holzstab ganz nach seiner eigenen Phantasie bekleben und bemalen.

Als die ersten Stäbe fertig waren, mußten wir genau nach diesem Muster weitere Mikadostäbe basteln. Nach einer Stunde hatten wir zwischen 10 und 5 von jeder Sorte – bis auf den Supermikado, der war nur einmal da. Das war auch ein besonders schönes Stück. Collie hatte ihn bemalt wie ein Indianertotem.

„Hallihallo, meine Lieben“, schwärmte Mister Pudelwohl, „das ist das schönste Mikado, das ich im Hause habe! Laßt uns jetzt eine Runde damit spielen!“

Dann schrieb er für jede Sorte auf, wieviel Punkte einer dieser Stäbe zählen sollte:

„Jetzt kapiere ich auch, warum das ein Riesenmikado ist!“ rief Emil.

„Und wer rechnet die ganzen Punkte aus!?“ fragte Elfie ein bißchen motzig.

„Das wird sich schon finden“, beruhigte uns Mister Pudelwohl, „ich schlage vor, jetzt spielen wir erst einmal.“

Dieses Spiel verlangt sehr viel Ruhe und Konzentration. Reihum konnten wir alle beweisen, wie fit wir alle darin sind.

Diese Stäbe hat Collie im ersten Spiel erbeutet:

Nun ging es ans Ausrechnen.

Mister Pudelwohl erklärte: „Hallihallo, meine Lieben, aus schwer wird leicht. 3 mal 27 rechnen wir so: 3 mal 20 + 3 mal 7, das sind 60 + 21 gleich 81. Also zuerst zerlegt ihr die große Zahl in Zehner und Einer – erst dann kommt das Malnehmen dran.“

So konnten wir tatsächlich unsere Punkte im Kopf ausrechnen. Wie du dir schon denken kannst, haben wir noch weitergespielt. So sah das Ergebnis der zweiten Runde aus:

Vor der nächsten Runde hat Mister Pudelwohl zur Abwechslung für die einzelnen Stäbe andere Punkte vorgeschlagen:

Und so schnitten wir in der dritten Runde ab:

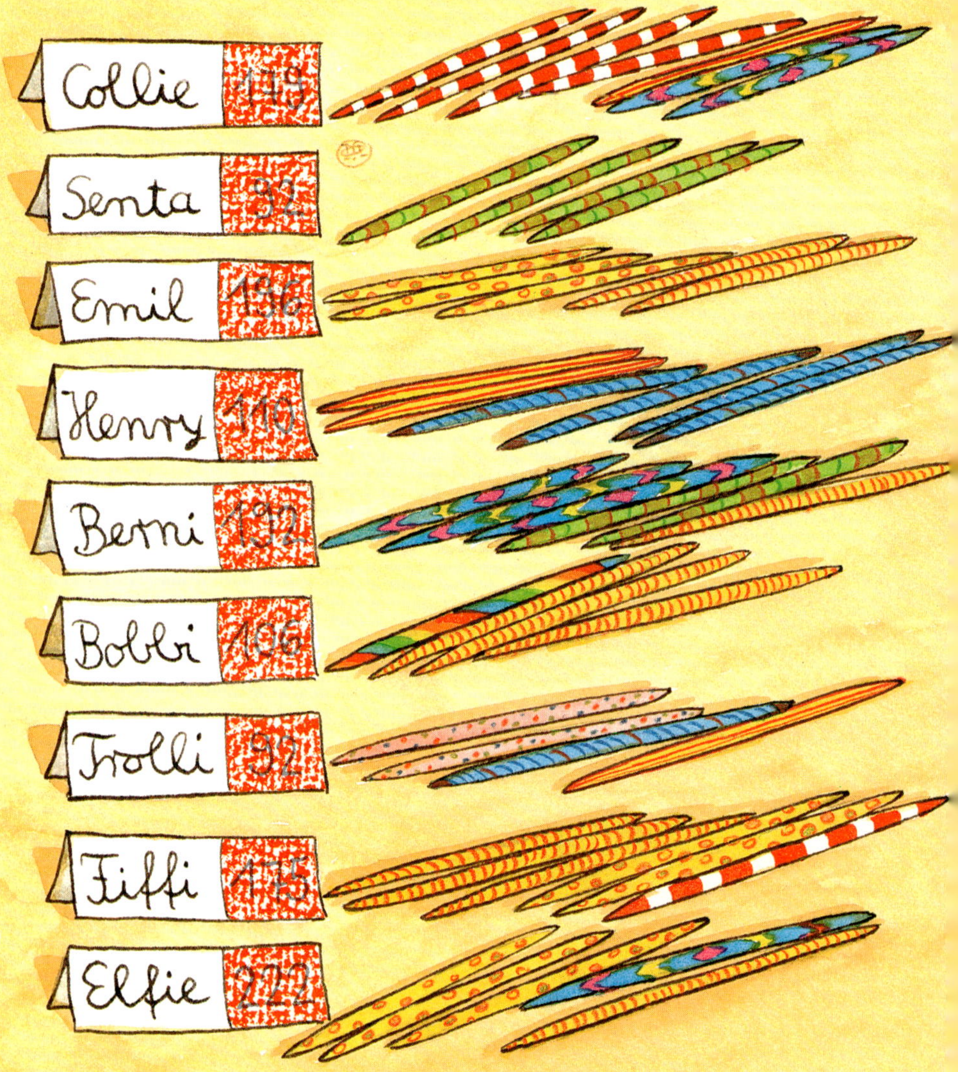

Mit dem Riesenmikado hast du für jeden Tag ein neues Spiel – immer mit anderen Zahlen. Ein Riesenspaß, bei dem du nebenbei ein tolles Rechentraining hast.

Kronkorkenmemory

„Hallihallo, meine Lieben, heute nachmittag brauchen wir jede Menge Kronkorken. Wenn jeder von euch vier schöne saubere Kronkorken besorgt hat, kann das nächste Spiel beginnen."

Dreimal darfst du raten, wer das gesagt hat. Dieses ewige „Hallihallo" ging mir allmählich auf die Nerven.

Trotzdem schwirrten wir alle aus, Kronkorken zu sammeln. Wir waren natürlich neugierig, was unser Rechenmeister sich nun schon wieder ausgedacht hatte.

Um drei Uhr saßen wir um den großen Holztisch im Hof und drückten die geknickten Kronkorken wieder glatt.

„Hallihallo, meine Lieben, heute stehen Tausch- und Umkehraufgaben auf dem Programm."

Mister Pudelwohl zeigte uns an einem Beispiel, was er damit meinte:

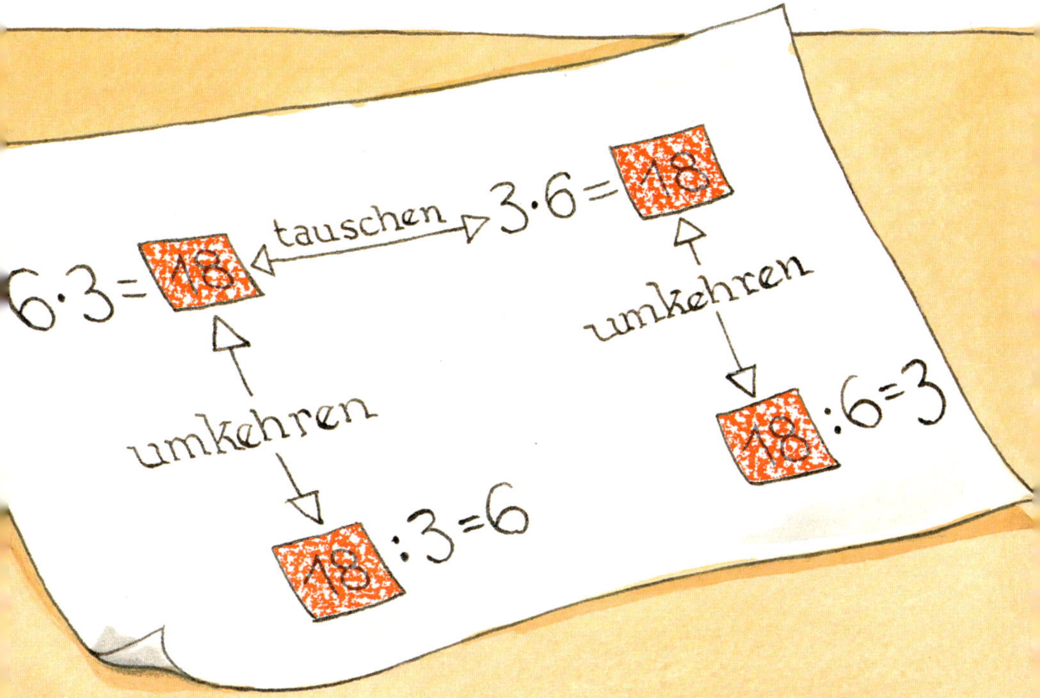

„Aus solchen Aufgaben", fuhr er fort, „basteln wir uns jetzt ein ganz besonderes Memory. Ich gebe jedem von euch eine Aufgabe, und dann sucht ihr die drei dazu passenden Tausch- und Umkehraufgaben. Und alle vier Aufgaben schreibt ihr danach mit Filzstift auf die Innenfläche eurer Kronkorken."

Diese Aufgaben hat Mister Pudelwohl an uns verteilt:

Findest du auch ohne rote Lupe heraus, was wir in unsere Kronkorken geschrieben haben?

Als wir damit fertig waren, wurden alle Kronkorken wie Dominosteine gemischt und mit der Schrift nach unten auf dem Tisch verteilt. Wie beim richtigen Memory durften wir so oft Kronkorken herumdrehen, wie die Aufgaben zusammenpaßten. Wer die vier richtigen nacheinander aufgeklappt hatte, durfte diese Kronkorken an sich nehmen.

Am Anfang war es gar nicht so leicht, mehr als zwei passende aufzudecken – aber nach ein paar Runden lief es immer besser.

Wenn du dir auch ein solches Kronkorkenmemory basteln möchtest und noch andere Aufgaben suchst, kann ich dir gern noch diese kleine Sammlung anbieten:

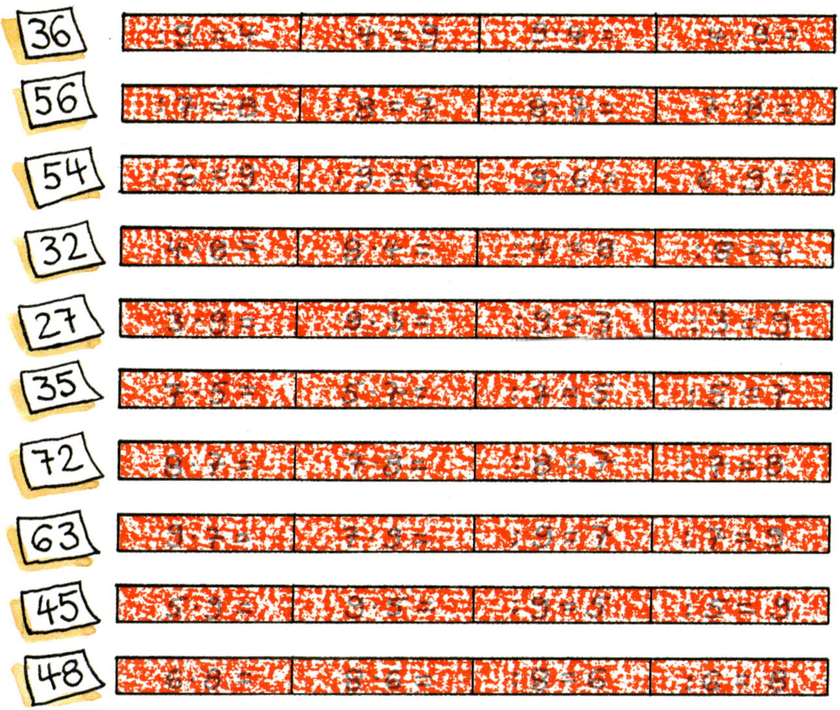

Wir hatten sehr viel Spaß bei diesem Spiel. Nur Fiffi hatte keine rechte Lust. Er nuckelte mißmutig an einer Sprudelflasche – und rülpste immerzu. Drei Flaschen hatte er schon leer getrunken. Weil er zu faul zum Kronkorkensuchen war, hatte er sich einfach vier Flaschen Sprudel gekauft …

Modenschau

Langsam kam schon das Ende unseres Ferienkurses in Sicht. Nach dieser schönen Zeit sollte auch ein zünftiger Abschlußabend gefeiert werden. Und den wollten wir gut vorbereiten. Einige von uns arbeiteten an einer Modenschau, andere schmückten den Saal.

„Hallihallo, meine Lieben“, tönte die vertraute Stimme, „für das Fest will auch ich meinen Beitrag leisten.“

„Am besten mit einer Rechenstunde!“ rief Fiffi ihm zu.

Und tatsächlich, als hätte er nur darauf gewartet, fing Mister Pudelwohl schon gleich damit an und verteilte diese Zettel:

Abschlußabend-Vorbereitung

52 Meter Schnur für 4 Meter lange Girlanden zurechtschneiden. Wieviel Girlanden gibt es? 13

78 Teller aufdecken, 6 auf einen Tisch. Wieviel Tische werden gedeckt? 13

Auf jeden Tisch 3 Kerzen stellen. 4 Pakete mit je 12 Kerzen stehen zur Verfügung. Wieviel Tische werden geschmückt? 16

Auf jedem Tisch sollen 7 Becher stehen. 4 Kartons mit je 28 Bechern stehen zur Verfügung. Wieviel Tische können mit Bechern versorgt werden? 16

4 Kisten mit jeweils 24 Flaschen Wasser auf Tische verteilen, immer 6 Flaschen auf cinen Tisch. Wieviel Tische werden gedeckt? 16

98 Würstchen aufteilen, immer 7 auf eine Platte. Wieviel Platten werden gerichtet? 14

84 Schokoküsse sollen auf Glasteller verteilt werden, 7 Stück pro Teller. Wieviel Glasteller werden gebraucht? 12

4 Pakete Schokoriegel mit je 32 Stück sollen verteilt werden, 8 Stück auf einen Teller. Wieviel Teller gibt es? 16

54 Tüten Salzbrezeln sind aufzuteilen, 3 in jedes Schälchen. Wieviel Schälchen können gefüllt werden? 18

Zum Abschluß sollen 126 kleine *Silamas* serviert werden, 9 Stück auf einer Platte. Wieviel Platten können serviert werden? 14

Einerseits freuten wir uns über dieses tolle Angebot, andererseits stöhnten wir über diese vielen Rechenaufgaben.

Mister Pudelwohl versuchte uns zu beruhigen: „Laßt euch von großen Zahlen nicht verrückt machen. Ihr könnt alles gut und gern im Kopf ausrechnen. Denkt an das Zerlegen beim Malnehmen. Hier ist es ganz ähnlich, nur andersherum. Ist eine Zahl mehr als zehnmal zu teilen, könnt ihr sie zerlegen. Zum Beispiel bei 78 : 6 nehmt ihr zuerst das Zehnfache des Teilers, also 60 : 6 = 10. Dann wird der Rest geteilt, also 18 : 6 = 3. Nun zählt ihr die 3 zur 10 dazu – und schon habt ihr das Ergebnis."

Ich malte mir dieses Beispiel auf einen Zettel:

Mit diesem Spickzettel ging ich das Arbeitsblatt durch und hatte im Nu die Ergebnisse ausgerechnet. Dadurch kam ich so in Schwung, daß ich nicht mehr zu bremsen war. So habe ich eine ganze Reihe weiterer Spickzettel gemalt. Möchtest du mal nachrechnen?

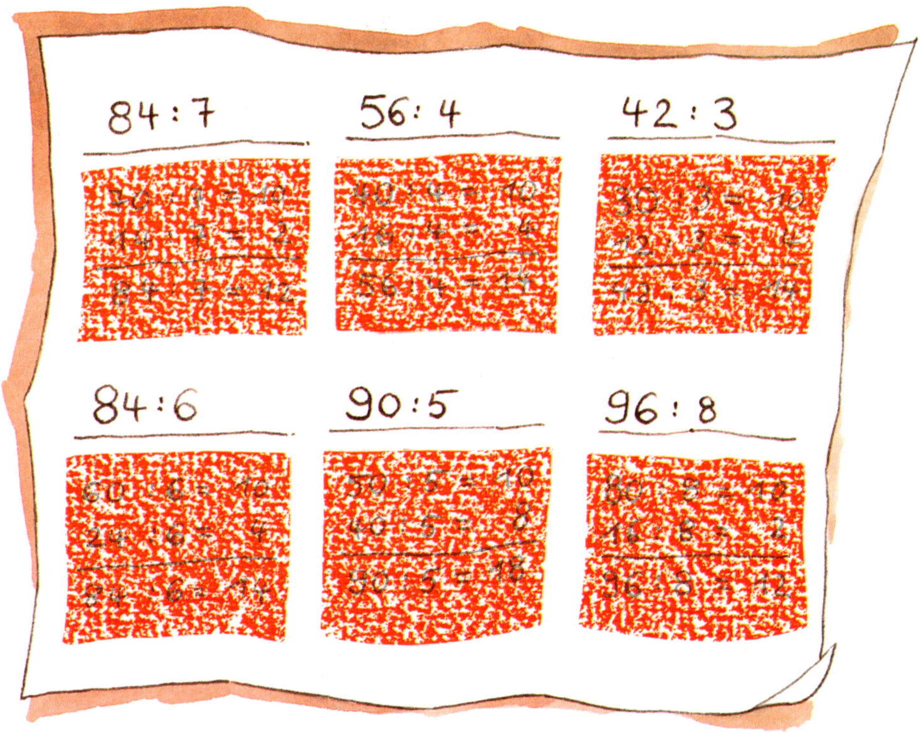

Es wurde ein toller Abschlußabend. Am schönsten war die Modenschau. Fiffi war der Moderator, ein hinreißender Komiker. Schon bei seiner Begrüßung tobte der ganze Saal, als er feierlich rief: „Hallihallo, meine Lieben!" Dann stellte er die einzelnen Modelle vor.

Alle hatten sich als Rechenaufgaben verkleidet. Da kamen riesige Plus- und Minus-, Mal- und Teilaufgaben über den Laufsteg.

Bei den Teilaufgaben kündigte Fiffi noch einen Wettbewerb an: „Hallihallo, meine Lieben, jetzt wird es spannend, jetzt wird es heiß, jetzt gibt es Braut- und Liebespaare zu bewundern. Und was das schönste ist, jetzt gibt es *Silamas* zu gewinnen. Viele kleine zauberhafte, nahrhafte, schmackhafte *Silamas!* Wenn ihr die Pärchen ganz genau beobachtet, könnt ihr bei jedem eine Aufgabe entdecken. Wer als erster die richtige Lösung ruft, kann sich hier vorne eine ganze Platte mit den kleinen zauberhaften, nahrhaften, schmackhaften *Silamas* abholen!" Und schon tänzelten die lustigen Pärchen über den Laufsteg.

Weil ich meinen Spickzettel dabeihatte, fand ich in Null Komma nix fast alle Lösungen heraus.

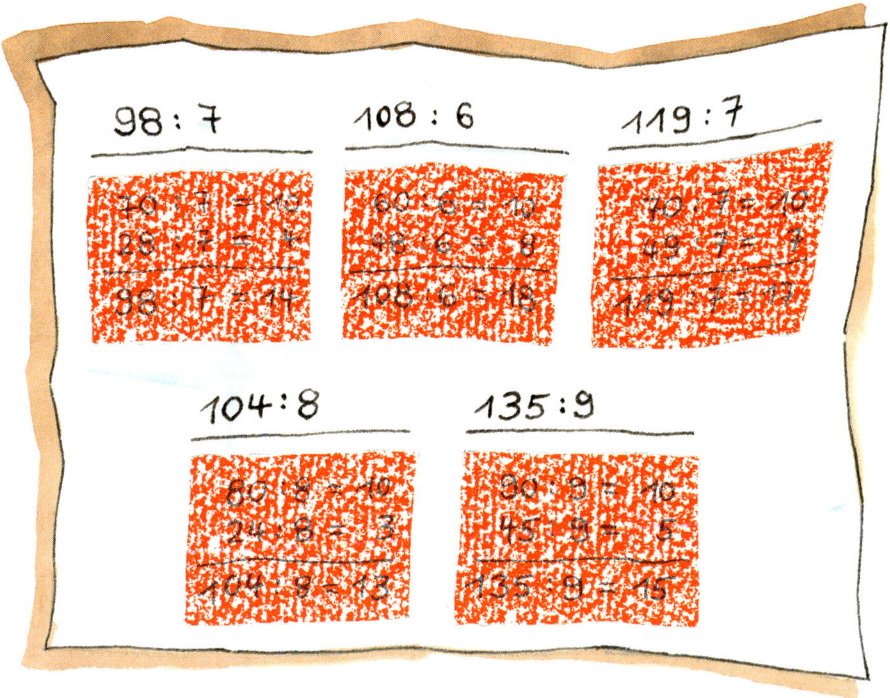

Am Schluß hatte ich 14 Platten mit den kleinen zauberhaften, nahrhaften, schmackhaften *Silamas* gewonnen. Natürlich habe ich alle verteilt.

Es war ein zauberhafter Abschlußabend – bis auf die Salamis. Die schmeckten nämlich so komisch, wie sie geschrieben waren.

Die Kurszeitung

Das Frühstück am letzten Tag unseres Ferienkurses wollte überhaupt nicht schmecken. Wir kauten auf den Brötchen herum, als ob sie Dornen hätten. Überall breitete sich Abschiedsstimmung aus. Die ersten fingen schon an zu heulen. Da flog die Tür auf, und Bobby und Trolli stürmten herein: „Hallihallo – Extrablatt, Extrablatt – Hallihallo!“ Sie schwenkten die Blätter wie Zeitungsverkäufer und verteilten sie an unseren Tischen: druckfrische, selbstgemachte Kurszeitungen.

Neugierig stürzten wir uns auf diese Kursnachrichten mit den Berichten über unsere aufregenden Erlebnisse im Ferienheim. Schon beim ersten Blättern fielen die witzigen Bilder von Henry Bulldogge auf.

Da gab es Rätselseiten, Anzeigen, Witze und dumme Sprüche. Zum Beispiel diesen: „Schule ist wie eine Oase – Kamele finden sie gut.“ Oder diesen hier: „Leider konnte ich die Rechenaufgabe nicht ins reine schreiben, weil das Heft so dreckig war."

Auf Seite 13 stand ein Interview, das Trolli mit Mister Pudelwohl geführt hatte. Seine erste Frage lautete: „Mister Pudelwohl, ist Rechnen das Wichtigste, was es in der Schule gibt?"

Mister Pudelwohl: „Nein. Wer sich aber viel mit Zahlen und Rechnen beschäftigt, findet irgendwann auch Spaß daran. Wer Spaß am Rechnen findet, hat auch Spaß am Denken. Und wer möchte schon behaupten, daß er nicht gern denkt!? Natürlich braucht man dazu nicht nur Zahlen. Beim Rechnen kommt es oft auf ganz andere Dinge an. Zum Beispiel mußt du bei vielen Aufgaben erst einmal fragen, was ist überhaupt gefragt, was muß ich eigentlich ausrechnen? Wenn du gleich wild drauflosrechnest, wenn du vielleicht Meter und Zentimeter verwechselst oder Liter und Kilogramm in einen Topf wirfst, darfst du dich nicht wundern, daß deine Lösung falsch ist, obwohl du alle Zahlen richtig gerechnet hast."

Auf den nächsten Seiten waren ein paar Arbeitsblätter hierzu abgedruckt. So sollten wir uns testen, ob wir immer richtig denken, wenn es schnell gehen soll.

Wäre das auch für dich ein interessanter Test? Dann nimm dir ein Stück Papier, und schreibe die Zahlen 1 bis 20 untereinander. Dann schaust du dir das Arbeitsblatt an: Wenn zum Beispiel bei 1 steht: „180 cm sind länger als 2 m", schreibst du ein „F" hinter die 1 auf deinem Papier, wenn du meinst, daß diese Behauptung falsch ist. Meinst du aber, daß sie stimmt, schreibst du ein „R" wie „richtig" dahinter.

Für jedes Arbeitsblatt hast du fünf Minuten Zeit. Am besten läßt du die Zeit von einem lieben Menschen stoppen, damit du dich ganz auf die Aufgabe konzentrieren kannst.

Hast du die Zahlen von 1 bis 20 schon auf einen Zettel geschrieben? Dann kann es ja losgehen:

1. Ein Bleistift ist länger als ein Regenschirm. F
2. Ein Apfelbaum ist höher als eine Tulpe. R
3. Ein Fahrrad ist kürzer als ein Lastwagen. R
4. Ein Bach ist breiter als ein Fluß. F
5. Eine Leiter ist höher als ein Stuhl. R
6. Ein Kirchturm ist höher als eine Telefonzelle. R
7. Ein Bettuch ist breiter als ein Taschentuch. R
8. Ein Halsband ist länger als ein Gürtel. F
9. Ein Strohhalm ist länger als ein Gartenschlauch. F
10. Eine Zahnbürste ist kürzer als eine Klobürste. R
11. 3 m sind länger als 280 cm. R
12. 4 km sind kürzer als 5 m. F
13. 450 m + 300 m sind länger als 1 km. F
14. 900 m – 300 m sind kürzer als 500 m. F
15. 120 km + 384 km sind länger als 500 km. R
16. 470 km – 20 km sind kürzer als 440 km + 40 km. R
17. 1700 m – 200 m sind kürzer als 2 km. R
18. 12 km + 39 km sind länger als 48 m. R
19. Eine Nähnadel ist länger als eine Stricknadel. F
20. Dieses Arbeitsblatt ist länger als erlaubt … ?

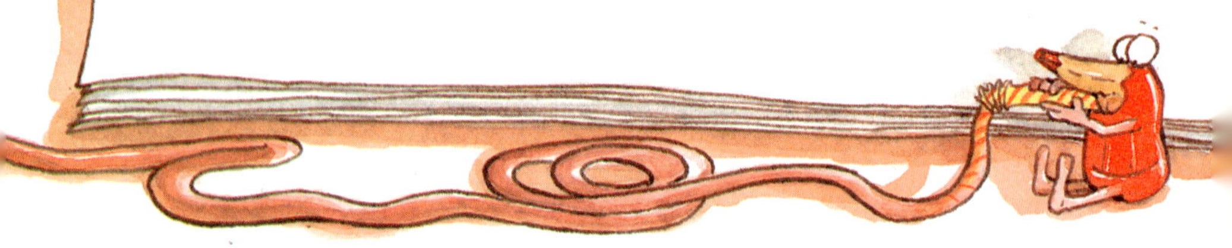

Wie viele richtige Lösungen hast du in fünf Minuten gefunden?

20 = Super
19–16 = Toll
15–11 = Beachtlich
10–7 = Lies genau – nimm dir Zeit zum Denken!
6–4 = Üben!!
3–1 = Mach den Test später noch einmal!
0 = Du hast dich bestimmt verzählt.

Das zweite Arbeitsblatt ist noch etwas schwieriger. Deshalb hast du hierfür sechs Minuten Zeit. (Am besten füllst du es erst morgen aus.)

1. Ein Suppentopf faßt weniger als eine Tasse. F
2. Eine Badewanne faßt mehr als ein Schwimmbecken. F
3. Ein Becher faßt weniger als ein Eimer. R
4. Eine Flasche faßt mehr als ein Faß. F
5. Ein Öltank faßt mehr als ein Benzinkanister. R
6. 10 l sind mehr als 1 hl. F
7. 10 hl sind mehr als 100 l. R
8. 1 hl sind 100 l. R
9. 500 l + 400 l sind mehr als 90 hl. F
10. 50 hl – 20 hl sind weniger als 300 l. F
11. Ein Elefant ist schwerer als ein Bernhardiner. R
12. Ein Klavier wiegt weniger als eine Blockflöte. F
13. Ein Ei wiegt mehr als ein Huhn. F
14. Ein Stück Seife wiegt weniger als eine Waschmaschine. R
15. Ein Schulranzen ist schwerer als eine Tafel Schokolade. R
16. Ein kg sind 1000 g. R
17. 400 g sind mehr als 4 kg. F
18. 900 g sind weniger als 100 kg – 99 kg. R
19. 20 kg + 56 kg sind mehr als 8000 g. R
20. Diese Aufgaben sind mir zu schwer … ?

Wieviel richtige Lösungen hast du in sechs Minuten gefunden?

20 = Spitzenleistung!
19–16 = Prima!
15–11 = Du hast sehr gut aufgepaßt.
10–7 = Du hättest etwas genauer lesen müssen. Schade.
6–4 = Das ist noch kein Grund, aufzugeben.
3–1 = Die sechs Minuten waren bestimmt zu kurz.
0 = Kann das stimmen?

Das dritte Arbeitsblatt ist das schwierigste. Deshalb hast du hierfür zehn Minuten Zeit. (Natürlich machst du erst einmal einen Tag lang Rechenpause.)

1. Es dauert länger, einen Brief zu lesen als einen Brief zu schreiben.
2. Ein Traktor fährt langsamer als ein D-Zug.
3. Eine Schildkröte läuft schneller als ein Windhund.
4. 1 Woche dauert länger als 5 Tage.
5. 1 Stunde dauert länger als 50 Minuten.
6. 3 Stunden sind mehr als 300 Minuten.
7. Wenn gestern Mittwoch war, ist heute Donnerstag.
8. Wenn vorgestern Sonntag war, ist heute Montag.
9. Wenn übermorgen Freitag ist, ist heute Mittwoch.
10. Wenn heute Montag ist, war vorgestern Freitag.
11. Ein Tag hat 12 Stunden.
12. 100 Minuten sind kürzer als 1 Stunde + 30 Minuten.
13. Von 8.30 Uhr bis 9.30 Uhr ist länger als von 17.45 Uhr bis 18.15 Uhr.
14. 11.30 Uhr + 50 Minuten ist später als 12.15 Uhr.
15. Von 19.12 Uhr bis 20.10 Uhr ist kürzer als von 17.08 Uhr bis 17.58 Uhr.
16. 2 Minuten sind länger als 100 Sekunden.
17. 3 Minuten + 30 Sekunden sind kürzer als 200 Sekunden.
18. 2 Stunden später als 10 Uhr ist früher als 11.30 Uhr.
19. 50 Minuten früher als 12 Uhr ist später als 11.05 Uhr.
20. Mit diesem Arbeitsblatt ist bei mir alles zu spät …